ТЕОРІЯ ДОВГОГО ХВОСТА ДЛЯ БІЗНЕСУ

Пошук своєї ніші та захист бізнесу від майбутнього

ТЕОРІЯ ДОВГОГО ХВОСТА ДЛЯ БІЗНЕСУ

Пошук своєї ніші та захист бізнесу від майбутнього

написаний Ariane de Saeger
перекладено Yaroslav Melnik

50MINUTES.com

ТЕОРІЯ ДОВГОГО ХВОСТА ДЛЯ БІЗНЕСУ

КЛЮЧОВА ІНФОРМАЦІЯ

- **Назва:** теорія довгого хвоста.

- **Використання:** це поняття відноситься до всіх продуктів, пропонованих компанією, які продаються лише в декількох одиницях, але сума їх продажів може перевищувати дохід, отриманий від найбільш продаваних продуктів. Це те ж саме, що сказати, що найпопулярніші та найбільш продавані товари складають лише незначну частину обороту, а ефект масовості грає на користь більш маргінальних товарів.

- **Чому це ефективно?** Включення такої стратегії дозволяє компанії отримувати вигоду від постійних продажів з усього свого продуктового портфелю.

- **Ключові слова:**

  - <u>Бестселер</u>: флагманський продукт, на який часто виділяється великий рекламний бюджет і який досягає рекордних прибутків.

  - <u>Електронна комерція</u>: онлайн-комерція (через Інтернет).

  - <u>Альтернативна вартість</u>: показник втрат, спричинених інвестуванням ресурсів в одну функцію більше, ніж в іншу.

- Прибуток: фінансова вигода від дії. Наприклад, продаж – це дія, яка може генерувати прибуток або збиток.

- Прибутковий – той, що приносить винагороду або певну суму прибутку.

- Статистика – сукупність даних, що стосуються групи осіб або одиниць, яка дає змогу спостерігати за тенденціями.

- Оборот: сукупна та зареєстрована вартість – як правило, за період одного року – від продажу товарів та послуг, що пропонуються компанією.

ВСТУП

Теорія «довгого хвоста» була введена в 2004 році Крісом Андерсоном (редактором журналу *Wired,* 1961 р.н.) і стала результатом есе, написаного Клеєм Ширкі (фахівцем з нових інформаційно-комунікаційних технологій, 1964 р.н.), в якому стверджується, що деякі блоги мають значну кількість веб-посилань, що вказують на них, в той час як більшість блогів мають лише дуже малу кількість посилань, що вказують на них.

Кріс Андерсон спирається на це мислення, намагаючись пояснити сучасні та майбутні економічні моделі (як частину цифрової економіки). Він описує, як, на його думку, всі продукти з низьким попитом можуть в сукупності генерувати значні обороти.

Однак саме поява і все більш широке використання цифрових технологій робить можливою економічну модель довгого хвоста: підприємці, які отримують вигоду від дуже низьких витрат на зберігання, іноді нульових або «віртуальних», при маркетингу цифрових продуктів (електронних книг, онлайн-фільмів, музики тощо), тепер можуть запропонувати широкий каталог в Інтернеті, що диверсифікує пропозицію і радує тих, хто віддає перевагу маржинальним активам.

ВИЗНАЧЕННЯ МОДЕЛІ

Довгий хвіст – це економіко-статистичне поняття, яке ілюструє розподіл обороту компанії за всіма її продуктами, включаючи найпопулярніші продукти – "бестселери", а також більш специфічні та маржинальні продукти. Таким чином, це інструмент для розробки комерційних та маркетингових стратегій.

Модель складається з двох елементів:

- "голова", що характеризується обмеженою кількістю популярних або затребуваних товарів, кожен з яких генерує високий рівень продажів;

- "хвіст", що характеризується великою кількістю нішевих або малозатребуваних товарів, кожен з яких генерує низький рівень продажів.

ТЕОРІЯ

Теорія «довгого хвоста» була популяризована Крісом Андерсоном після аналізу декількох сайтів електронної комерції, таких як Amazon (зокрема, для книг), Rhapsody (завантаження музики в Інтернеті), eBay (товари, що були у вжитку) та Netflix (стрімінгові фільми). Цей гострий аналітик фактично відзначив, що у досліджених випадках продажі найпопулярніших товарів становлять лише частину загального обороту: тобто прибутковість продажів залежить не лише від найпопулярніших товарів. Щоб продемонструвати цей феномен, він написав свій бестселер *«Довгий хвіст»*.

З самого початку нова концепція кинула виклик багатьом бізнес-стратегіям та економічним моделям, оскільки автор стверджує, що іноді вигідніше продавати не тільки бестселери – аргумент, який, безумовно, підкріплений фактами.

КОМПОНЕНТИ

Довгий хвіст: «голова» і «хвіст

Як статистично, так і стратегічно, ця концепція часто представляється у вигляді графіка, на якому по горизонтальній осі (X) відкладається продана продукція, а по вертикальній осі (Y) – кількість продажів.

Синя частина – "голова" – показує, що лише кілька позицій генерують рекордну кількість продажів, тоді як жовта частина – "хвіст" – показує, що більшість товарів продається в дуже малих кількостях.

Правило 80-20 і довгий хвіст

Правило 80-20, також відоме як принцип Парето, яке стверджує, що 80% обороту генерується за рахунок продажу 20% продукції, ставиться під сумнів теорією «довгого хвоста». Насправді, Кріс Андерсон демонструє, що правило 80-20 застосовується лише до нішевих ринків, які не були повністю використані.

Сьогодні завдяки НІТК (новим інформаційно-комунікаційним технологіям) ми можемо зменшити масштаби виробництва, диференціювати товари та використовувати нові інформаційні технології, щоб скористатися перевагами вигідних витрат на зберігання. Крім того, завдяки пошуковим системам полегшується вибір споживача, а асортимент пропонованої продукції дозволяє споживачеві знайти те, що він шукає. Всі ці продукти з низьким попитом на нецифровому ринку стають в масштабах Інтернету – а отже, і в глобальному масштабі – продуктами з великою кількістю споживачів. Ці продукти можуть бути настільки ж вигідними для товарообігу, як і популярні продукти, і навіть змінити правило 80-20 на протилежне.

Перш ніж радикально спростовувати таку теорію, як теорія Парето, потрібно спочатку продемонструвати, що всі внутрішні правила теорії перестають діяти, коли змінюється контекст. На думку Андерсона, як тільки усуваються всі обмеження попиту і пропозиції, і споживач має доступ до всіх продуктів, довгий хвіст автоматично вибудовується.

Однак реальність виглядає набагато складніше: справа не в тому, що ринок ігнорує привабливість «довгого хвоста», а в тому, що цільовий ринок не дозволяє скористатися його перевагами. Це стосується продуктів, попит на які дуже низький і витрати на які навряд чи можна оптимізувати (витрати на логістику, комунікації тощо). Правило 80-20 може бути заперечене лише для деяких ринків та продуктів: тих, що є цифровими. Переважно це стосується ІТ-ринків, які отримують вигоду від цієї реальності.

Підсумовуючи, можна сказати, що

- Продукти, що розглядаються в теорії «довгого хвоста», по суті, є продуктами, які можуть бути оцифровані, наприклад, книги, музика, фільми тощо. Як зазначалося раніше, деяким товарам, наприклад, продуктам харчування, важко користуватися перевагами, притаманними цифровим продуктам.

- Тому передбачається, що компанії з бізнес-моделлю, подібною до довгого хвоста, виступають за диверсифікацію та діджиталізацію своєї продукції.

Витрати на виробництво, зберігання та статистичне розповсюдження

Феномен довгого хвоста передбачає, що оцифровані товари підвищують прибутковість за рахунок зниження витрат. На цю тенденцію до зниження впливають деякі витрати, з якими стикаються підприємці. В основному це витрати, пов'язані з виробництвом, зберіганням та дистрибуцією.

- **Виробництво.** Бізнес-модель цифрового бізнесу базується на інтенсивному використанні даних, що генеруються користувачами. Оскільки користувач розглядається як виробник даних, цифровим компаніям вдається досягти дуже високих показників прибутковості. Саме ефективна обробка та використання цих даних лежить в основі цифрового майбутнього. Багато експертів визначають споживача як ключову частину цифрового виробничого ланцюжка. Раніше компанії могли виробляти внутрішньо або зовнішньо, передаючи частину виробничого процесу на аутсорсинг. Зараз з'являється нова альтернатива, яка полягає у вільній роботі, що виконується користувачем. Ця робота виконується добровільними учасниками, які створюють контент. Третя можливість полягає в тому, щоб дозволити користувачам допомагати один одному без втручання співробітників, шляхом надання платформи (форуму). Таким чином, крім обробки даних, цифрова економіка має «спільне виробництво» або «спільне виробництво» з користувачем, що дозволяє цілеспрямоване виробництво і потенційно високу прибутковість. Таким чином, цифрова економіка бере дані користувачів, аналізує їх, трансформує в конкретні потреби і пропонує послугу або продукт, який відповідає цим потребам. Слід зазначити, що персональні дані користувачів та відсутність законодавчої бази для цих даних потенційно можуть призвести до зловживань.

- **Централізоване сховище або спільне сховище.** Зберігання ніколи не буває відсутнім, але може бути значно зменшено в рамках цифрової економіки. Amazon, наприклад, створив «кібер-склад»: товари зберігаються в магазинах-партнерах, а пропонуються і продаються в Інтернеті. Завдяки такій стратегії цей гігант зумів безкоштовно зберігати свою продукцію в мільйонах магазинів. Іншим цікавим прикладом є цифровий склад, який використовує компанія iTunes для зменшення складських витрат, витрат на упаковку, персонал, управління тощо.

- **Диверсифікована дистрибуція.** Для ефективного використання переваг теорії «довгого хвоста» споживачеві необхідно запропонувати різноманітні канали, через які він може отримати продукт; хтось вважає за краще купувати онлайн, хтось – йти в магазин. Чим різноманітніші канали дистрибуції, тим більше споживачів будуть задоволені і тим вищими будуть продажі.

Від діджиталізації виграють як продавець, так і споживач:

- Продавцям більше не потрібно використовувати посередників, як це часто буває при великомасштабній дистрибуції. Тому їхня маржа прибутку є вищою.

- Людина, яка споживає масову цифрову продукцію різного рівня (фільми, музику, контент, програмне забезпечення тощо), в повній мірі оцінює різні канали розповсюдження та різноманітність віртуальних та/або конкретних продуктів;

- Попит та пропозиція зустрічаються в сприятливому контексті.

Культурні та економічні наслідки

Зважаючи на значне зростання використання Інтернету, багато людей цікавляться більш конкретно його впливом на культурне розмаїття та індустрію розваг. Так, за словами Кріса Андерсона:

- Якщо вартість зберігання, яка частково впливає на альтернативну вартість, є дуже високою, асортимент продукції компанії, або ширше – сектору, неминуче обмежений і становить лише частину довгого хвоста, «голови». Ці флагманські продукти далеко не задовольняють прагнення всіх споживачів, але вони є необхідними і залишають мало місця для різноманітності.

- І навпаки, коли витрати на зберігання низькі, «хвіст» довгого хвоста може бути використаний корпораціями і задовольнити тих, хто любить популярні продукти, а також меншини і тих, хто має менш популярні смаки.

Декілька прикладів дозволяють нам візуалізувати це економічне та культурне питання:

- книжкова індустрія

- телевізійні програми

- музична індустрія

- і т.д.

Тому, коли вартість зберігання є відносно низькою, телеканали, книжкова індустрія, музична індустрія тощо можуть запропонувати споживачам набагато ширший вибір і, як наслідок, отримати вигоду від більшої прибутковості.

Дехто робить висновок, що Інтернет сприяє ринку культурних продуктів і що ера "мейнстріму" (що означає "прийнятого найбільшою кількістю" або «неоригінального») закінчилася, оскільки фізичні обмеження, пов'язані з витратами на зберігання, мають тенденцію до зникнення завдяки дигіталізації.

Теорія довгого хвоста дозволяє нам особливо добре проілюструвати посилання та пошукову оптимізацію (SEO), що часто стає можливим завдяки онлайн-продажу каталогу товарів завдяки оптимізованим стратегіям.

 ЩО ТАКЕ РЕФЕРУВАННЯ?

Реферування означає вибір термінів, які будуть асоціюватися з продуктами. Воно розглядається у двох різних контекстах:

- <u>У великомасштабній дистрибуції</u>. Продукти мають посилання для легкої ідентифікації та управління запасами (закупівлями, зберіганням та випуском). Ці номери зазвичай можна знайти в каталогах і на полицях, що дозволяє вести облік запасів, як правило, за допомогою комп'ютеризованої системи. Крім того, посилання у великомасштабній дистрибуції також допомагає забезпечити більш узгоджений зміст і полегшує перехід до онлайн-продажів, якщо це ще не так.

- <u>В Інтернеті (пошукова оптимізація)</u>. Оптимальна пошукова оптимізація має на меті покращити видимість та позиціонування деяких сайтів в Інтернеті. Ця робота, яка потребує постійної уваги, базується на спектрі ключових слів, які користувачі потенційно можуть вводити в пошукову систему (Google, Yahoo тощо), щоб знайти те, що вони шукають.

При застосуванні концепції довгого хвоста до політики веб-посилань це передбачає збір усіх ключових слів, які можуть привести до певної інформації або тем, переважно очевидних і популярних термінів, а також їх менш популярних, менш конкурентоспроможних і більш маргінальних синонімів. Поодинці ці ключові слова генерують невеликий трафік, проте їхня сума дає більше, ніж найефективніші терміни.

Тому важливо враховувати ці спостереження при розробці стратегії пошукової оптимізації. Залежно від продуктів, які ви хочете виділити, і, отже, ключових слів, які вам потрібно з ними асоціювати, ви зіткнетеся з різними проблемами.

- **Правильно позиціонувати себе в менш популярних пошукових запитах легко. З** одного боку, позиціонувати себе в менш популярних пошукових запитах, як правило, швидко і легко, оскільки користувач, який шукає щось конкретне, буде належним чином спрямований на сайти, які, ймовірно, відповідають його запиту. Це ефективно підживлює «хвіст» вашого довгого хвоста.

- **Правильно позиціонувати себе в конкурентних пошуках складно. З** іншого боку, правильно позиціонувати себе в конкурентних пошуках складно, довго і дорого, оскільки такі пошуки не є цільовими і можуть залучати різного роду невизначених відвідувачів, що заважає вам запропонувати відповідний продукт і правильно позиціонувати себе (за допомогою якісного персоналізованого сервісу). Тоді є велика ймовірність того, що ті, хто шукає щось конкретне, швидко покинуть ваш сайт, оскільки не зможуть знайти те, що шукають. Однак ця стратегія допоможе вам краще позиціонувати ваші бестселери, «голову» довгого хвоста.

ПРАКТИЧНЕ ЗАСТОСУВАННЯ

ПОРАДИ ТА РЕКОМЕНДАЦІЇ

Правило № 1 – Розширений каталог цифрових продуктів

Для того, щоб задовольнити найбільш маргіналізовані потреби та охопити якомога більше споживачів, в ідеалі ви повинні мати можливість запропонувати різноманітний каталог цифрових продуктів.

Правило № 2 – Виробництво, зберігання та цифрова дистрибуція

- **Спільне виробництво** передбачає передачу частини роботи клієнтам. Ефективне використання даних, наданих користувачами, лежить в основі проблем цифрової економіки.

- Цифровий продукт не повинен виготовлятися в такій кількості примірників, як при фізичному **розповсюдженні,** що має розглядатися підприємцем як перевага.

- Цифрове **зберігання** скорочує основну частину витрат, з якими стикається підприємець у ситуаціях фізичної дистрибуції.

Правило № 3 – Видимі та доступні продукти

В даний час використання Інтернету стає все більш поширеним як у приватному, так і в професійному контексті, і користувачі все більше звикають до використання пошукових систем, що означає, що вони методично підбирають свої ключові слова для пошуку інформації, яку вони шукають.

- **Важливість ключових слів.** Важливо ретельно і вдумливо підбирати ключові слова: як ті, що будуть живити «голову» довгого хвоста, так і другорядні ключові слова, які будуть підживлювати його «хвіст». Процес тривалий, але ефективний і прибутковий.

- **Важливість контенту.** Не тільки кількість вторинних ключових слів впливатиме на відвідуваність вашого сайту, але й, що, можливо, більш важливо, ваш контент. Насправді, конкретні ключові слова без будь-якої конкретної інформації будуть генерувати лише обмежений трафік на сторінки вашого сайту.

- **З урахуванням прихованих витрат.** Слід залишатися обережним, оскільки цифрова епоха іноді має приховані витрати. За даними європейського дослідження, проведеного компанією Sungard (глобальний провайдер IT-рішень у Франції) серед 150 фахівців, витрати компанії на обслуговування, ліцензії, програмне забезпечення та непередбачувані витрати складають в середньому 597 700 євро на рік.

Таким чином, ретельне формування спектру лексичного пошуку та подання якісного текстового контенту стали обов'язковими для всіх, хто бажає залучити клієнтів.

👁 Поради та рекомендації

Щоб розробити вигідну стратегію довгого хвоста, необхідно вдало позиціонувати себе серед великої кількості дрібних цільових пошукових запитів. При цьому трафік на ваш сайт буде збільшуватися. Майте на увазі наступні поради:

- продумати і зібрати конкретні пошукові запити, щоб спробувати відповісти на всі майбутні запити користувачів;

- після того, як терміни визначені, включіть їх у текстовий контент вашого майбутнього сайту;

- ваш текстовий контент повинен бути якісним: не варто додавати контент на сайт просто заради додавання контенту, ви повинні надавати користувачам цінну інформацію, інакше вони одразу ж покинуть вашу сторінку або сайт;

- обирайте заголовок, який привертає увагу читача і мотивує його відвідати ваш сайт;

- встановіть ієрархію для ваших заголовків і параграфів;

- розміщуйте в тексті достатню кількість ключових слів;

- ретельно підбирати посилання на інші сайти та надавати перевагу якісним посиланням з метою збереження іміджу Вашого сайту;

- стати «експертом» (залежно від кількості відвідувачів вашого сайту) з написання контенту для Google.

 # ДОДАТКОВА ІНФОРМАЦІЯ

- Загальні ключові слова (загальні значення, що охоплюють ряд більш конкретних слів) є конкурентними і складаються приблизно з двох слів. Наприклад, людина, яка шукає сайт синонімів, вводить «синонім + [слово, яке вона шукає]». Цей пошук покаже тільки найбільш використовувані сайти.

- На відміну від них, вторинні ключові слова є менш популярними, але більш конкретними. Це може бути, наприклад, вираз (від трьох до п'яти слів або більше), що відображає більш цілеспрямований пошук користувача, який шукає конкретний контент.

ПРАКТИЧНИЙ ПОСІБНИК – КНИЖКОВА ІНТЕРНЕТ-КНИГАРНЯ

Контекст

Книгарня «Y» вирішує, що, враховуючи конкуренцію на книжковому ринку та витрати, з якими вона стикається у зв'язку зі зберіганням та виробництвом, було б вигідніше створити веб-сайт, на якому продаватимуться електронні книги в Інтернеті. Усвідомлюючи конкуренцію, яка вже присутня в Інтернеті, вони намагатимуться зробити веб-сайт видимим, впровадивши оптимальну стратегію SEO. Це передбачає визначення ключових слів, які вони хочуть асоціювати з сайтом. Іншими словами, вони визначать ключові слова, які користувач, швидше за все, буде вводити в пошуковій системі і які приведуть – якомога проміше – на книжковий сайт Y.

Диверсифікований асортимент продукції

Щоб впоратися зі зростаючою конкуренцією з продажу книг онлайн (Amazon, Fnac, Numilog та ін.), книгарня не має іншого вибору, окрім як диверсифікувати або орієнтуватися на певну аудиторію. Таким чином, продавець вирішує запропонувати в своєму інтернет-магазині цифрові комікси, як бестселери, так і більш специфічні комікси.

Мінімізація постійних витрат

Пропонуючи комікси онлайн, Y заощадить на постійних витратах (зберігання, виробництво та розповсюдження – концепції, розглянуті в розділі "Теорія"). Тим не менш, вони повинні враховувати приховані витрати, пов'язані з онлайн-продажами:

- витрати на конвертацію або оцифрування файлів

- витрати на цифрове зберігання

- витрати на охорону об'єкта

- юридичні витрати, пов'язані з адаптацією видавничих договорів.

Інші витрати з'являться пізніше, такі як підтримка веб-сайту, оновлення тощо.

Видимість

Книготорговець повинен ретельно вибирати ключові слова, враховуючи, що чим більш загальними вони є (наприклад, «книги» або «продаж», або ключові слова, які люди хочуть бачити, наприклад, «бестселер»), тим більша ймовірність того, що вони загубляться в інформаційному потоці. Ці загальні ключові слова становлять лише приблизно 20% від загального трафіку, що генерується пошуковими системами. Однак, якщо вони підібрані дещо більш цілеспрямовано (відповідно до діяльності продавця), то вони безпосередньо представлятимуть більше 20%. Щоб відрізнити книжковий магазин від великих компаній, що продають книги в Інтернеті, їм доведеться підбирати ключові слова, специфічні для контенту сайту, і ставити себе на місце інтернет-користувачів, які шукають конкретну інформацію.

Окрім підбору ключових слів, книгарні доведеться також оптимізувати текстове наповнення сайту, щоб зробити його привабливим, цікавим, релевантним та деталізованим. При цьому він буде підживлювати «хвіст» довгого хвоста (сектору). Наприклад, вони оберуть головну сторінку, яка міститиме певний текстовий контент для того, щоб відповідати певним користувачам пошукових систем. Зауважте, що деякі частини цього контенту не будуть спочатку розглядатися людьми, які використовують ключові слова, і що це буде генерувати лише "стерильний" трафік. З іншого боку, існує велика ймовірність того, що з'являться деякі слова, які не розглядалися книготорговцем як ключові.

Перед тим, як запропонувати цифровий продукт, книгорозповсюджувач повинен буде пройти кілька етапів.

1. Структурування інформації у наочний і послідовний спосіб для привернення уваги відвідувача.

2. Вибрати ключові слова, за якими позиціонувати себе (синоніми, вирази тощо). Вони можуть навіть вирішити провести перспективне дослідження, пройшовши навчання в пошукових системах, щоб знайти конкурентів на ринку коміксів.

3. Створити якісний текстовий контент, де будуть фігурувати обрані ключові слова та фрази.

При цьому продукт, який пропонується відвідувачам, повинен бути достатньо диверсифікованим, щоб мати можливість охопити різноманітну аудиторію.

ВПЛИВ

ОБМЕЖЕННЯ ТА КРИТИКА

Хоча аналіз культурного сектору, проведений Крісом Андерсоном, вітався і просувався тими, хто, як і він, відчував вигідний і привабливий результат для сектору, правда фактів і різні аналізи будуть суперечити або, принаймні, контекстуалізувати його достовірність і наслідки для структури ринку.

Навіть з інтернетом довгий хвіст не генерує більше продажів, ніж раніше

Вілл Пейдж, директор Spotify, проаналізував онлайн-продажі музики. Він зазначив, що з 13 млн. доступних назв 10 млн. не генерують жодних продажів; 8% продажів припадає на 40 назв, а 3% від загальної кількості проданих назв генерують 80% обороту. За його словами та у світлі проведеного аналізу, економіка бестселерів ще не закінчилася.

Доходи від бестселерів залишаються значно вищими, ніж від «хвоста» довгого списку

До цього питання також звернулися французькі економісти П'єр Жан Бенгозі та Франсуаза Бенхаму. Вони проаналізували продажі компакт-дисків та DVD-дисків в Інтернеті. З цього дослідження випливає, що ефект довгого хвоста виникає, але він настільки повільний, що навряд чи здатен похитнути відому всім структуру ринку. Насправді, менше

10% музичних продуктів забезпечують понад 90% продажів, а десять найбільш комерціалізованих найменувань здатні збільшити свою частку в загальних доходах.

Однак головна критика лунає з боку Аніти Елберсе (професор економіки Гарвардського університету, 1973 р.н.), яка після десяти років досліджень та аналізу ринків культури та розваг зуміла довести протилежне. За її словами, Інтернет не зробив революції у відносинах між людьми та культурним розмаїттям; навпаки, вона стверджує, що бестселери диктують ринок більше, ніж будь-коли раніше. Тому саме «голова», а не «хвіст», є найпотужнішою в епоху Інтернету. У своїй книзі *«Блокбастер»* (2013) доктор Ельберсе ілюструє свої твердження на прикладі кіноіндустрії, пояснюючи, що якщо фінансові інвестиції в бестселери такі величезні (а отже, ризиковані), то це лише для того, щоб захиститися від ризиків, притаманних такому невизначеному ринку. У це, здається, дещо важко повірити.

 Кіноіндустрія

Один фільм коштує $10 млн, а інший — $100 млн. Ціна, яку заплатить споживач, буде абсолютно однаковою, незалежно від витрат на виробництво художнього фільму: подивитися фільм в кінотеатрі буде не дорожче і не дешевше, ніж придбати DVD-диск. Таким чином, за логікою речей, фільм з найдешевшими виробничими витратами ($10 млн.), повинен отримати найбільшу віддачу: більше того, студія-виробник може дозволити собі випустити 10 фільмів замість одного з бюджетом в $100 млн. Як можна уявити, що ця ситуація може змінитися на користь блокбастерів?

Аніта Елберсе підкріплює цю думку кейсом компанії Warner Bros., яка практично випускає лише блокбастери (*«Гаррі Поттер»*, *"Шерлок Холмс" та ін.)* і для якої «не ризикувати» – це ризик. Базуючи свою стратегію на великих виробництвах, вона стала першою кіностудією, яка 11 років поспіль перевищувала мільярд доларів США в американському кінопрокаті.

Для представлення протилежної стратегії експерт зосереджується на кейсі мережі NBC Universal, яку свого часу очолювали Джефф Цукер (1965 р.н.) та Бен Сільверман (1970 р.н.). Бажаючи максимізувати прибутки за рахунок стратегії зниження витрат і ризиків, вони швидко відчули невдачу своєї компанії. Відвернувшись від великих виробництв із залученням акторів світового кіно або продюсерів за колосальними цінами, намагаючись забезпечити ланцюжок надходжень, NBC почала падати на узбіччя. Відсутність амбіцій і фінансування, а також неготовність до ризику призвели до незацікавленості професіоналів індустрії та падіння їхнього рейтингу з першої позиції на четверту.

Далі авторка поширює свої міркування на інші сфери і намагається продемонструвати, що явище повторюється. На її думку, немає жодних сумнівів: саме бестселери генерують прибуток і забезпечують більшу частину фінансової рентабельності продажів. Сьогодні навіть компанії, які дотримуються теорії «довгого хвоста», починають підкорятися незрівнянній логіці блокбастерів, як у випадку з Netflix або Amazon. З огляду на вражаючі показники продажів своїх конкурентів, які взяли на озброєння цю стратегію, багато хто переорієнтовує свій аналіз.

СПОРІДНЕНІ МОДЕЛІ ТА РОЗШИРЕННЯ

Цей розділ містить три моделі, пов'язані з теорією довгого хвоста. Після декількох згадок про них у зв'язку з теорією довгого хвоста далі розвивається принцип Парето, а також модель ABC, яка є можливою відповіддю на нього.

Зрозуміло, що всі моделі розподілу не можуть бути зведені до цих трьох моделей, існують й інші моделі.

Принцип Парето

Найвідомішою моделлю, пов'язаною з цим, є принцип Парето, який також називають правилом 80-20. Як і теорія довгого хвоста, принцип Парето використовується як інструмент розробки стратегій продажів і маркетингу, а також як статистичний інструмент. У цьому контексті ми зосередимося на першому використанні.

Так, згідно з принципом Парето, «80% наслідків є продуктом 20% причин», що на мову бізнесу можна перекласти як «20% продукції генерують 80% продажів» або «20% клієнтів генерують 80% продажів». Незважаючи на свій універсальний характер, цей принцип не в усіх сферах має наукове підтвердження. Дехто вважає, наприклад, що він полягає в тому, що лише 20% клієнтів генерують 80% обороту. Крім того, правило 80-20 має бути адаптоване до сектору та підрозділу компанії, до якого воно застосовується, що викликає занепокоєння щодо точності.

Крім того, цей принцип викликає занепокоєння щодо ефективності. Якщо 80% продукції – найменш продаваної – приносять певний дохід, імовірно 20%, то він може бути збільшений, якщо значно зменшити альтернативні витрати. Це те, що Кріс Андерсон викриває в теорії довгого хвоста.

Модель ABC

Модель ABC надає додаткову перспективу. Вона припускає, що принцип Парето ігнорує проміжні шари, і тому важко судити про їх важливість.

Модель ABC класифікує ефекти за трьома категоріями. Таким чином, враховуються навіть найменш прибуткові шари.

- Категорія A: 20% клієнтів генерують 80% продажів.

- Категорія B: 30% клієнтів генерують 15% продажів.

- Категорія C: 50% клієнтів генерують 5% продажів.

Стратегія блокбастера

Саме такий кейс представила Аніта Ельберсе, на думку якої саме блокбастери є причиною більшої частини обороту на культурно-розважальному ринку.

ВИСНОВОК

Модель Кріса Андерсона представлена як доповнення до принципу Парето та моделі ABC. У застосуванні до конкретного ринку «довгий хвіст» фактично розвиває теорію, паралельну цим двом моделям, не дискредитуючи їх.

І навпаки, теорія Аніти Елберсе критикує теорію довгого хвоста і ставить під сумнів її актуальність.

РЕЗЮМЕ

- Теорія довгого хвоста — це статистична та економічна модель, створена та впроваджена в 2004 році Крісом Андерсоном в контексті цифрового сектору.

- Ця модель стала можливою завдяки технологічному розвитку і стала доцільною в контексті продажу цифрових товарів або послуг, оскільки витрати на виробництво, зберігання та розповсюдження є низькими або взагалі відсутні.

- На додаток до принципу Парето, теорія «довгого хвоста» припускає, що в даному конкретному секторі найбільш популярні товари не обов'язково є тими, що генерують найбільший товарообіг.

- За словами Кріса Андерсона, експлуатація «хвоста» довгого хвоста відкриває можливості для прибутковості в довгостроковій перспективі.

- Доктор Аніта Елберсе засуджує модель Кріса Андерсона. Після 10 років досліджень вона стверджує, що навіть в епоху Інтернету блокбастери диктують ринок культури і розваг.

- Крім теорії довгого хвоста, існують інші моделі, які представляють інші системи розподілу: зокрема, принцип Парето та модель ABC.

- Модель «довгого хвоста» може бути застосована як частина стратегії SEO в Інтернеті. Порада: позиціонування себе на менш конкурентних і більш специфічних ринках дозволяє отримати вигоду від позитивних ефектів довгого хвоста SEO.

ЧИТАТИ ДАЛІ

БІБЛІОГРАФІЯ

Андерсон, К. (2012) *Довгий хвіст: чому майбутнє бізнесу – продавати менше, а не більше.* Париж: Flammarion.

Andrieu, O. (2008) Pourquoi la notion de « Longue Traîne « est-elle nécessaire dans une stratégie de référencement ? *Abondance.* [Онлайн]. [Accessed 21 April 2015]. Режим доступу: <http://docs.abondance.com/question123.html>.

Авеньє, М. (2014) La longue traîne une stratégie de référencement. *Le guide.* [Онлайн]. [Accessed 21 April 2015]. Available from: <http://www.abime-concept.com/blog/2014/03/27/la-longue-traine-une-strategie-du-referencement/>.

Бенгозі, Ж.-П. та Бенхаму, Ф. (2008) Longue traîne : levier numérique de la diversité culturelle. *Культурна перспектива.* [Онлайн]. [Accessed 21 April 2015]. Режим доступу: <http://www2.culture.gouv.fr/deps/fr/traine.pdf>.

Bloquet-Prevost, C. и Manneval, M. (2014) Exploitation des données fournies par les utilisateurs : l'enjeu de l'économie numérique. *Revue Sorbonne.* [Онлайн]. [Accessed 21 April 2015]. Режим доступу: <http://www.univ-paris1.fr/fileadmin/diplome_M2OFIS/OFIS_2013-2014/Articles/article_Revue_OFIS_mars_2014_Bloquet-Prevost_Manneval.pdf>.

Cassini, S. (2015) Les coûts cachés du cloud. *Les Échos.* [Онлайн]. [Accessed 21 April 2015]. Available from: <http://www.lesechos.fr/journal20150331/lec2_high_tech_et_medias/0204266382278-les-couts-caches-du-cloud-1106920.ph>

Делерс, А. (2014) *Принцип Парето.* Брюссель: Lemaitre Publishing.

InfoWebMasterRéférencement. (2008) *Longue traîne.* [Онлайн]. [Accessed 21 April 2015]. Available from: <http://www.infowebmaster.fr/40,news-referencement-longue-traine.html>.

Jimdo. (2013) *5 conseils pour rédiger des texts optimisés pour Google*. [Онлайн]. [Accessed 21 April 2015]. Available from: <http://fr.jimdo.com/2013/12/27/5-conseils-pour-r%C3%A9diger-des-textes-optimis%C3%A9s-pour-google/>.

Лакомбле, Д. (2014) Інтернет. La longue traîne n'a-t-elle pas toujours été qu'une utopie ? *Slate Reader*. [Онлайн]. [Accessed 21 April 2015]. Режим доступу: <http://www.slate.fr/tribune/84585/longue-traine-blockbusters>.

Le Cam, N. (2013) La longue traîne, l'atout de votre SEO. *LunaWeb*. [Онлайн]. [Доступно 21 квітня 2015 року]. Available from: <http://blog.lunaweb.fr/seo-longue-traine/>.

Mataf.net. (Без дати) *Définition coût d'opportunité.* [Онлайн]. [Accessed 21 April 2015]. Available from: <https://www.mataf.net/fr/edu/glossaire/cout-d-opportunite>.

Жінко. (Без дати) *Qu'est-ce que la longue traîne (або довгий хвіст).* [Онлайн]. [Accessed 21 April 2015]. Available from: <http://www.wifeo.com/documentation-77.html>.

ДОДАТКОВІ ДЖЕРЕЛА

Афуа, А. (2014) *Інноваційні бізнес-моделі: Концепція, аналіз та кейси*. Нью-Йорк: Routledge.

Елберс, А. (2013) *Блокбастери*. Нью-Йорк: Henry Holt books.

Блог Кріса Андерсена. http://www.longtail.com/

MASLOW'S HIERARCHY OF NEEDS
THE SWOT ANALYSIS

Видавець забезпечує достовірність опублікованої інформації, за яку, однак, не несе відповідальності.

Майстер ISBN: 9782808601306
Паперовий ISBN: 9782808602754
Юридичний депозит: D/2022/12603/276

Цифровий дизайн: Primento,
цифровий партнер видавництва.